FRAGMENTS,

COMPOSÉS DE L'ACTE

DE LA PROVENÇALE,

ENTRÉE AJOUTÉE AUX FÊTES DE THALIE;

DE L'ACTE

D'HIPPOMENE ET ATALANTE,

NOUVEAU BALLET - HÉROÏQUE;

ET DE L'ACTE D'ANACRÉON,

DES SURPRISES DE L'AMOUR:

REPRÉSENTÉS,

PAR L'ACADÉMIE-ROYALE DE MUSIQUE,

le Mardi 8 Août 1769.

PRIX XXX. SOLS.

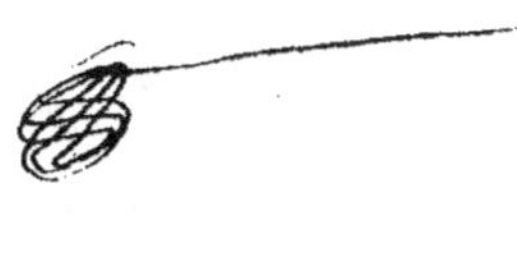

AUX DÉPENS DE L'ACADÉMIE.

A PARIS, Chés DE LORMEL, Imprimeur de ladite Académie, rue du Foin, à l'Image Sainte Genevieve.

On trouvera des Exemplaires du Poeme à la Salle de l'Opera.

M. DCC. LXIX.

AVEC APPROBATION ET PRIVILEGE DU ROI.

ACTEURS CHANTANTS.

DANS LES CHŒURS.

Côté du Roi.		Côté de la Reine.	
Mesdemoiselles.	*Messieurs.*	*Mesdemoiselles.*	*Messieurs.*
Durand.	Héri.	Hebert.	l'Écuyer.
Guillaume.	Cailteau.		Albert.
Fontenet.	Candeille.	d'Agée.	Tourcati.
le Bourgeois	Van-Hecke.	Jouette.	Paris.
Veron.	Vatelin.	des Rosieres.	Lagier.
l'Etienne.	Beghaim.		Ghuiot.
Renard.	Larssure.	de l'Or.	Capoi.
Girardin.	Fradelle.		Rei.
le Prieur.	Martin.	Chenais.	Boi.
Beauvernier.	Robin.	le Queux.	Laurent, l.
	Méon.	Fabri.	Huet.
	Botson.		Itasse
	Cleret.	Denis.	Parant.
	Tacusset.	Héri.	Baillion.
	Royer.		Cazal.
			Jalaguier.

L A

PROVENÇALE.

PREMIERE ENTRÈE.

✳✳✳✳✳✳✳✳✳✳✳✳✳✳✳✳✳✳✳✳✳✳✳✳

Le Poeme eſt de **LA FONDS.**

La Muſique eſt de **MOURET.**

✳✳✳✳✳✳✳✳✳✳✳✳✳✳✳✳✳✳✳✳✳✳✳✳

ACTEURS CHANTANTS.

FLORINE, *jeune Provençale,*
qui a toûjours été renfermée,   M^ile. Rofalie.
NÉRINE, *Surveillante de* FLORINE, M^ile. du Ranci.
CRISANTE, *vieux Tuteur*   M. Durand.
de FLORINE,
LÉANDRE, *jeune Provençal,*   M. Pillot.
amoureux de FLORINE.

PROVENÇAUX ET PROVENÇALES.

La Scêne eft dans une Baftide en Provence.

A ij

PERSONNAGES DANSANTS.

M. DAUBERVAL, M.lle ALLARD.

PROVENÇAUX ET PROVENÇALES.

M. MALTER, M.de PITROT.

M.rs Dubois, Doslion, Liesse, Giguet, Gardel, c.,
Caster, la Rue, Hennequin, c.

M.lles Louison, le Roi, de l'Aunai, Adeline,
Buret, Granier, de l'Orme, du Mont.

LA
PROVENÇALE.

*Le Théâtre repréſente un Jardin garni d'Orangers,
qui n'a d'autre iſſue que par la mer, qui en borne le
point de vue ; le côté de la terre eſt entouré de hautes
murailles.*

SCÉNE PREMIERE.

NÉRINE, CRISANTE.

NÉRINE.

Où courés-vous, avant le jour ?
Quel démon ſi-tôt vous réveille ?

CRISANTE.

Penſes-tu qu'un jaloux ſommeille,
Quand il eſt bercé par l'amour ?

Florine en ce moment redouble mes allarmes ;
Je m'exerce la nuit à garder ſes appas.

N É R I N E.

L'exercice eſt pénible, il ne vous convient pas :
    Laiſſés-moi veiller ſur ſes charmes.

C R I S A N T E.

C'en eſt fait... pour Criſante il n'eſt plus de repos :
    Mon cœur eſt ſaiſi d'épouvente
Depuis que, chaque jour, une barque galante
    Vient ſe promener ſur les flots :
    Elle approche trop de la rive ;
On entend des concerts, chéris dans ces climats ;
    Florine y paroît attentive,
Et cent fois ſur ces bords elle porte ſes pas.

N É R I N E.

    Dès que le plaiſir ſe préſente,
    La jeuneſſe vole après lui ;
    Plus elle a reſſenti d'ennui,
    Plus ſa joie eſt vive & piquante :
    Dès que le plaiſir ſe préſente,
    La jeuneſſe vole après lui.

C R I S A N T E.

Du côté de la terre, un mur, à triple étage,
Sert de digue aux ſoûpirs de mille amants divers :
Je médite un projet, qui déjà me ſoulage...
Je veux faire fermer le pâſſage des mers.

NÉRINE.

Il faut, pour achever l'ouvrage,
Faire fermer aussi le pâssage des airs.

CRISANTE.

Je crains pour mon amour quelque triste aventure.

Florine, par nos soins élevée en ces lieux,
Plus belle que l'astre des cieux,
Croit qu'à ses traits naissants le sort a fait injure :
J'ai su, par une adroite & nouvelle imposture,
Lui fesant d'elle-même un portrait odïeux,
Donner le change à la nature :
Ne perdons pas le fruit d'un art industrïeux.

NÉRINE.

Notre sexe n'est pas crédule,
Quand on l'accuse de laideur ;
Et l'objet le plus ridicule
Se croit aimable au fond du cœur.

CRISANTE

Florine est simple, elle est naïve,
Garde-toi bien de la désabuser :
Retranchons-lui d'abord l'aspect de cette rive ;
Nous songerons après à l'épouser.

Elle vient... elle rêve... & sa vue attentive
Sur ces flots, que je crains, semble se repôser.

(On voit FLORINE qui se mire sur le rivage.)

SCÈNE II.

FLORINE, CRISANTE, NÉRINE.

CRISANTE, à *Florine*.

A venir en ces lieux quel deſſein vous engage?

FLORINE, *ſe mirant dans la mer.*

L'onde eſt calme ſur ce rivage,
Elle offre à mes regards un fidele miroir;
Malgré tous mes défauts, je me plais à m'y voir :
C'eſt mon plus doux plaiſir , laiſſés m'en faire uſage.

NÉRINE.

Je vous l'ai déja dit´, l'image de vos traits
　　Doit vous faire une horreur extrême.

FLORINE.

Cet avis vous convient, profités-en vous-même ;
　　Il ſemble pour vous fait exprès.

CRISANTE, à *Florine.*

Nérine eſt aimable, elle eſt belle ,
Je voudrois qu'en beauté vous pûſſiés l'égaler ;
　　Quelle grâce ! tout plaît en elle.

FLORINE, *regardant* NÉRINE.

J'aime mieux ma laideur, que de lui reſſembler.

(à CRISANTE.)

(*à* C R I S A N T E.)

Mais enfin dans mes traits, qu'ai-je donc qui vous
     bleffe ?

C R I S A N T E, *à* F L O R I N E.

Ils font trop délicats, ils ont trop de fineffe ;
     Et vos yeux, pleins d'un certain feu,
   Sont trop ouverts... & la bouche trop peu.
Vous avés contre vous encor votre jeuneffe ;
     Ce vice ne peut s'excufer.
Connoiffés cependant jufqu'où va ma foibleffe ;
Malgré tant de défauts, je vais vous époufer...

   Vous frémiffés... vous changés de vifage !

F L O R I N E, *à part.*

O Ciel ! de ce malheur daigne me préferver !

C R I S A N T E.

Je fors, pour ordonner un mur fur ce rivage :
     (*à* N É R I N E.)
Nérine, en attendant, prends foin de l'obferver.
                    (*Il fort.*)

SCÈNE III.

FLORINE, NÉRINE, *sans être vue.*

FLORINE, regardant la mer.

Mer paifible, où cent fois j'ai cherché mon
image,
Offrés-moi fur les flots celle de mon vainqueur.

Que n'ai-je pour lui feul mille attraits en partage ?
Ah ! fi j'ôfe en croire mon cœur,
Ce n'eft point le hazard, c'eft un foin plus flateur
Qui l'attire fur ce rivage.

Mer paifible, où cent fois j'ai cherché mon image,
Offrés-moi fur les flots celle de mon vainqueur.

(*NÉRINE paroît.*)

Ciel ! Nérine aura pu m'entendre.

NÉRINE.

Crifante faura tout ; j'ai dequoi le furprendre.

(*Entrée de matelots.*)

Mais, o ciel! de quels fons retentiffent ces bords?...
Tout eft perdu... c'eft la barque fatale...
J'y vois le jeune objet qui caufe vos tranfports.
Rentrés.

FLORINE.

Non, je demeure.

NÉRINE.

O douleur fans égale!
Allons, hâtons-nous de partir;
Cherchons par-tout Crifante, il le faut avertir.

SCENE IV.

LÉANDRE, FLORINE, NÉRINE.
PROVENÇAUX ET PROVENÇALES.

LÉANDRE, empêchant NÉRINE de fortir.

ARrête, Argus impitoyable;
Il y va tes jours, fi tu fors de ces lieux.
    (à *FLORINE.*)
Et vous, raffûrés-vous, objet incomparable!
Pour feconder mes vœux, un ami fecourable
Amufe en ce moment un jaloux odïeux;
    Et pour me montrer à vos yeux,
    J'ai faifi l'inftant favorable.

                    B ij

Le tendre Amour, dont je reſſens les coups,
Soûmet à vos attraits l'amant le plus fidele ;
Des plus rares beautés vous êtes le modele,
Et les Dieux n'ont rien fait de ſi parfait que vous.

FLORINE, à NÉRINE.

Vous l'entendés, Nérine, on dit que je ſuis belle.

NÉRINE, à FLORINE.

Ne voyés-vous pas bien qu'on ſe moque de nous.

FLORINE, à LÉANDRE.

Vous dites que je ſuis aimable,
Mais je doute de vos diſcours ;
On me reproche tous les jours
Que mes traits n'ont rien d'agréable.

LÉANDRE.

Et qui peut vous tenir ce langage odïeux ?
Tout cede au pouvoir de vos yeux,
Vous avés plus d'éclat que la naiſſante Aurore ;
Vous êtes l'image des Dieux :
C'eſt peu de vous aimer, il faut qu'on vous adore.

FLORINE.

Quel langage flateur !.. recommencés encore.

LÉANDRE.

C'eſt peu de vous aimer, il faut qu'on vous adore,

NÉRINE, à part.

Faut-il perdre en un jour le fruit de tant de foins ?
Et que mes yeux en foient témoins.

LÉANDRE, à FLORINE.

Une retraite , fi fauvage,
Doit-elle être faite pour vous ?
Souffrés que comme amant, & bientôt comme époux,
Je finiffe votre efclavage :
Et tandis que votre jaloux
Eft, par mes foins , occupé loin de nous ,
Que nos concerts foient mon premier hommage.

(*Danfe des matelots.*)

C H Œ U R.

Jeune Beauté, c'eft dans vos yeux
Que les Amours prennent leurs armes ;
Qu'au bruit de nos concerts ils volent en ces lieux,
Qu'ils y faffent briller leurs charmes.

(*On danfe.*)

UNE PROVENÇALE ET LE CHŒUR.

Vonte que la Beauta s'efconde ,
L'Amour faou ben leou la trouva :
Son la gau fon l'ame dou monde
Per s uni toutei dous fon fa.

SENS DES PAROLES.

Quelque part que la Beauté fe cache,
L'amour fait bientôt la trouver :
Ils font la joye & l'âme du monde,
Ils font faits pour s'unir tous deux.

LA PROVENÇALE.

Quant uno filletto ei poulidou,
Tarde guaire de s'efcouta ;
Car toujour lou plaifi ly cridou
Qu'ei d'in l'âge de lou goufta.

(On danfe.)

Quand une jeune fille eft jolie,
Elle ne tarde guère à s'écouter ;
Car fans ceffe le plaifir lui crie
Qu'elle eft dans l'âge de le goûter.

LÉANDRE, à FLORINE.

Venés, belle Florine,
Partons, embarquons-nous ;
Venés charmer l'époux
Que l'amour vous deftine ;
Suivés-moi…

FLORINE.

Ciel ! que dites-vous ?…

LÉANDRE.

Craignés le retour d'un jaloux :
Mais, je le vois…

FLORINE, *appercevant* *CRISANTE*.

O Dieux !... Je cesserai de vivre
Si son projet fatal seconde son couroux.

LÉANDRE.

Souffrés que je vous en délivre,
L'Himen va nous unir par les nœuds les plus doux.

FLORINE.

Vous voulés mépouser... je consens à vous suivre.

SCÈNE DERNIERE.

CRISANTE.

ET LES ACTEURS DE LA SCÈNE PRÉCÉDENTE.

(*FLORINE monte avec LÉANDRE fur le Tillac de la barque, & laîſſe NÉRINE avec CRISANTE. Ils veulent l'un & l'aurre courir après FLORINE : mais on forme une danſe en rond, qui les enferme.*)

CRISANTE, *voyant qu'on lui enleve FLORINE*,

Orage ! o déſeſpoir... Perfides matelots...
Ah ! rendés à mes cris une beauté ſi chere...
Ingrate ! tu me fuis... Hélas, que dois-je faire ?
Si je te perds, je vais m'abîmer dans les flots.

FLORINE, *deſſus le Tillac*, à *CRISANTE.*

D'où vient cette fureur nouvelle ?
Vous perdés peu, vous le ſavés.
Je ſuis laide, Nérine eſt belle ;
Épouſés-là, ſi vous pouvés.

HIPPOMENE.

HIPPOMENE
ET
ATALANTE,
BALLET - HÉROÏQUE
EN UN ACTE.

✠✠✠✠✠✠✠✠✠✠✠✠✠✠✠✠✠✠✠✠✠✠✠✠✠✠✠✠

DEUXIEME ENTRÉE.

✠✠✠✠✠✠✠✠✠✠✠✠✠✠✠✠✠✠✠✠✠✠✠✠✠✠✠✠

C

*Les Paroles sont de M***.*

*La Musique est de M***.*

ACTEURS.

ATALANTE, *fille de* SCHÆNÉE,
   *Roi d'*ARCADIE.   Mlle. Beaumefnil.

ATHÉNAÏS , *née Princeſſe*
   *d'*ARCADIE, *veuve de* MÉGARÉE ,
   *Prince d'*ONCHESTE , *Grande*
   Prêtreſſe de VÉNUS.   Mlle. du Plant.

HIPPOMENE , *fils de* MÉGARÉE
   & *d'*ATHÉNAÏS , *amant*
   *d'*ATALANTE.   M. le Gros.

VÉNUS.   Mlle. Rivier.

PRÊTRESSES *de la ſuite d'*ATHÉNAÏS.

PEUPLES *d'*ARCADIE.

TROUPES *de* SALIENS *&* SALIENNES.

TROUPES *de différens Peuples du* PÉLOPONESE.

PERSONNAGES DANSANTS.

PRETRESSES DE VÉNUS.

Mlle. HEJNEL.

Mlles. D'ERVIEUX, AUDINOT.

Mlles. Gaudot, Grandi , Adélaïde , Blondeval, la Fond, Gillſenan , Riviere , Tacite, l'Huillier, Roſette , Murès , le Houx.

PEUPLES.

M. VESTRIS.

M. GARDEL, Mlle. ASSELIN.

Mrs. Trupti, Granier, Lani, Beaulieu, Aubri, le Grand, Hennequin, l., Ducheſne.

Mlles. de Miré , Iſoire , Auberte , Adeline, Buret, d'Anezi, Perſeval, du Mont.

HIPPOMENE
ET
ATALANTE,
BALLET-HÉROÏQUE.

Le Théâtre repréfente un bois, près de la Lice, au milieu duquel on voit le Temple de *VÉNUS*, préparé pour la folemnité du jour. C'eft là que celui qui aura vaincu ATHALANTE à la courfe, doit recevoir fa foi ; les amants dont elle aura triomphé , devant être facrifiés au lieu même du combat. Sur l'autel eft une guirlande de fleurs, que les PRÊTRESSES réfervent au vainqueur.

SCENE PREMIERE.
ATALANTE, feule.

CE jour de mes amants va décider le fort :
    Sans s'allarmer de la loi trop févère

Qu'impôfe à leurs defirs la rigueur de mon pere,
Pour mériter ma main, ils vont chercher la mort.

Toi que j'implore, o Ciel ! ne trahis point ma
    gloire ;
      Guide mes pas , feconde ma fierté.
      Redouble , anime encor cette légéreté
Qui doit aux yeux des Grecs affûrer ma victoire.

Toi que j'implore, o Ciel ! ne trahis point ma
    gloire ;
      Guide mes pas , feconde ma fierté.

Qui peut m'intéreffer en faveur d'Hippomene ?
Je tremble , hélas ! que le Dieu qui l'enchaîne
A nos funeftes jeux n'entraîne fon ardeur.
Pourrai-je , fans rougir, le nommer mon vainqueur ?
Pourrai-je , fans pitié, l'immoler à ma haîne ?
Sa valeur , fa jeuneffe & peut-être mon cœur....
Tout me parle pour lui, tout augmente ma peine.
    Je le vois : quel deffein l'amene ?

SCÉNE II.

ATALANTE, HIPPOMENE.

HIPPOMENE.

BElle Atalante, enfin voici le jour
Où l'espoir d'être heureux peut flatter ma constance.
Déjà tous mes rivaux brûlent d'impatience
    De faire éclater leur amour :
La mort où votre main fera leur récompense ;
Souffrés à cet honneur que j'aspire à mon tour.

ATALANTE.

Prince, que dites-vous? quel espoir vous anime ?
Est-ce à vous d'envier un si frivole honneur ?
La gloire seule a droit d'enflâmer votre ardeur :
Voulés-vous de l'amour devenir la victime?

HIPPOMENE.

    Ni mes soûpirs, ni ma langueur,
    N'ont touché votre âme inhumaine ;
    L'instant qui doit finir ma peine
    Semble a llarmer votre rigueur ;

Mais l'Amour défend à mon cœur
D'écouter une crainte vaine.
Vous êtes le prix du vainqueur ;
Ma victoire devient certaine.

ATALANTE.

De vos rivaux je méprise les feux ;
Mais j'entends en tous lieux vanter votre courage :
Verrois-je sans frémir vos destins rigoureux ?
Songés à quels périls trop d'amour vous engage.

HIPPOMENE.

Est-il pour un tendre amant
Des dangers qu'il puisse craindre ,
Quand un objet si charmant
Est le prix qu'il veut atteindre ?

Rien ne sauroit plus m'arrêter.

ATALANTE.

D'un téméraire espoir cessés de vous flatter.

HIPPOMENE.

Si mon amour vous paroît un outrage ,
Je me plais à vous offenser.
Vous ne pouvés trop tôt verser
Un sang , dont je vous fais l'hommage.

ATALANTE.

ATALANTE.

Pourquoi chercher à redoubler
La pitié qui me rend fenfible ?
Eft-ce une gloire de troubler
Le bonheur d'une âme paifible ?
Pourquoi chercher à redoubler
La pitié qui me rend fenfible ?

HIPPOMENE.

Vous condamnés ma flâme, & me plaignés, hélas !

ATALANTE.

Ah ! tant d'ardeur commence à me dépla ire ;
Gardés-vous de fuivre mes pas.

(*Appercevant ATHÉNAÏS qui fort du Temple.*)

Je vois s'avancer votre mere.
Son trouble ne peut fe cacher.
Peut-être fes foûpirs fauront-ils vous toucher ;
Je l'efpere du moins ; je vous laîffe avec elle.

HIPPOMENE.

Non, malgré vous, je vous fuivrai, cruelle.

D

✿✿✿✿✿✿✿✿✿✿✿✿✿:✿:✿✿✿✿✿✿✿✿✿✿✿

SCÊNE III.

ATHÉNAÏS, HIPPOMENE.

ATHÉNAÏS, arrêtant *HIPPOMENE.*

PRince, arrêtés. Ne ougiffés-vous pas
  D'adorer encor fes appas ?
Quand l'Amour indigné frémit de vous attendre,
  Entre l'Himen & le trépas,
O ciel ! quelle eft la gloire où vous ôfés prétendre !

HIPPOMENE.

Oui, ce jour me verra périr ou triompher.

ATHÉNAÏS.

Ne triomphés que du feu qui vous preffe.
La raifon le condamne, elle doit l'étouffer.
J'ai cent fois admiré cette fière Princeffe :
L'éclair femble moins prompt, les zéphirs moins
  légers :
L'amour, qu'elle va fuir, augmente vos dangers.

HIPPOMENE.

  S'il n'a pu pâffer dans fon âme,
  Il faura guider un amant ;

Pour courir plus légérement
Ce Dieu m'anime de sa flâme.

(On entend une Simphonie qui annonce VÉNUS , &
aux sons de laquelle les PRÊTRESSES rassemblées
s'avancent hors du temple.)

Qui peut former ici ces aimables concerts ?
Je me sens arrêter par un accord si tendre.
Un doux parfum se répand dans les airs.
Tout m'annonce Vénus, & je la vois descendre.

❄❄❄❄❄❄❄❄❄:❄❄❄❄❄❄❄

SCÈNE IV.

VÉNUS *sur son char.* ATHÉNAÏS, HIPPOMENE.

LES PRÊTRESSES.

VÉNUS.

Hippomene, ta gloire intéresse les Dieux;
Et je viens seconder ta flâme impatiente.
Pour rallentir la course d'Atalante,
Fais briller sur ses pas ces dons mistérieux.
Les vœux les plus soûmis, l'ardeur la plus constante
Ne rendent pas toûjours victorieux.

(Elle lui donne trois pommes d'or du jardin des
Hespérides.)

D ij

HIPPOMENE.

O Vénus ! de vos dons je faurai faire ufage.
Je vole où la gloire m'attend :
Vous daignés me promettre un triomphe éclatant,
Et je n'en veux point d'autre gage.

(*Il fort.*)

SCÈNE V.

VÉNUS, *sur son Char*; ATHÉNAÏS,
LES PRÊTRESSES.

ATHÉNAÏS.

Ciel ! tu dois protéger un amour si constant.

VÉNUS.

D'une flateuse espérance
Tu peux goûter la douceur.
De ton fils , par ma présence ,
Je vais animer l'ardeur.

Le danger le plus terrible
Au bonheur conduit souvent.
Lorsqu'il faut perdre un amant,
Quelle belle est insensible ?

(*Elle disparoît.*)

✠✠✠✠✠✠✠✠✠✠✠✠✠✠✠✠✠✠✠✠✠✠✠✠✠✠✠✠✠✠

SCÈNE VI.

ATHÉNAÏS, *les* PRÊTRESSES.

ATHÉNAÏS.

O Vous, qui partagés le trouble que je fens,
Pour célébrer Venus & fa bonté fuprême,
  Mêlés vos jeux à mes accents.
Au fecours d'un héros elle vole elle-même.

     (*Danfe des* PRÊTRESSES.)

ATHÉNAÏS, avec le CHŒUR.

  Aimable mere des plaifirs,
  Une fière beauté t'offenfe ;
 Venge l'Amour, puni l'indifférence,
  Comble ta gloire & nos defirs.

    (*Seule.*)

A tout ce qui refpire également propice,
S'il faut du fang aux Dieux, pour calmer leur juftice,
Tu n'exiges de nous, pour prix de tes faveurs,
  D'autres victimes que les fleurs.
Aux efforts de mon fils que ton pouvoir s'uniffe.

(*Avec le CHŒUR.*)

Aimable mere des plaifirs,
Une fière beauté t'offenfe ;
Venge l'amour, puni l'indifférence,
Comble ta gloire & nos defirs.

(*On danfe.*)

CHŒUR des Peuples, *derrière le théâtre.*

Le fort couronne Hippomene.

ATHÉNAÏS.

Mon fils revient vainqueur ! Banniffons mes foûpirs:
Pour lui ma crainte étoit vaine.

LE CHŒUR, *en approchant.*

Le fort couronne Hippomene.

SCENE DERNIERE.

ATHÉNAÏS, ATALANTE, HIPPOMENE, *les Peuples* D'ARCADIE, *les differens Peuples du* PÉLOPONNESE, *troupe de* SALIENS & *de* SALIENNES. *Les* PRÊTRESSES *dans le Temple.*

(*A l'arrivée des Peuples, les* PRÊTRESSES *se retiren. dans le Temple.*)

ATHÉNAÏS, à HIPPOMENE.

Qu'il m'est doux de revoir mon fils victorïeux !
    De vos périls mon cœur frémit encore.
Le myrthe glorïeux dont l'Amour vous décore
Va faire désormais le charme de mes yeux.

HIPPOMENE.

Vous connoissiés la beauté qui m'enchante.
    Pouvois-je manquer d'être heureux ?
    J'étois cent fois plus amoureux
    Qu'elle n'étoit indifférente.

ATHALANTE, à HIPPOMENE.

L'Amour couronne votre ardeur,
En excitant vos pas, il lisoit dans mon cœur.

Sur

Sur ma rigueur inhumaine
J'aurois compté vainement ;
On fuit toûjours avec peine,
Quand on fuit un tendre amant.

ENSEMBLE.

A tes traits nous livrons nos âmes,
Vôle, Amour, viens fur nous répandre tes bienfaits.
Tu nous charmes, tu nous enflâmes ;
Dans nos cœurs à-jamais
Fais regner tes plaifirs, fais briller tes attraits.

ATHÉNAÏS, avec les CHœURS.

Du nom de ces amants que les airs retentiffent :
L'Himen, pour les unir, allume fon flâmbeau ;

A des nœuds fi charmants que { vos / nos } voix applaudiffent ;

Célébrés / Célébrons } par { vos / nos } chants un triomphe fi beau.

(*Danfe des Peuples, après laquelle les* PRÊTRESSES
*ôtent la guirlande de deffus l'autel, & viennent l'offrir
aux deux amants, qu'elles enchaînent.*)

ATALANTE.

Amour, contre ta flâme
C'eft envain que notre âme

E

Veut s'armer de rigueur.
Ah ! comment fuir tes chaînes ?
Le chemin où tu menes,
Eſt celui du bonheur.

L'honneur d'être ſévère ,
Pour ſavoir toûjours plaire
A trop peu de douceur ;
En bravant ton empire ,
Bien ſouvent on n'aſpire
Qu'à te rendre vainqueur.

Amour, contre ta flâme,
C'eſt envain que notre âme
Veut s'armer de rigueur.
Ah ! comment fuir tes chaînes ?
Le chemin où tu menes,
Eſt celui du bonheur.

(On danſe.)

HIPPOMENE , ATALANTE & le CHŒUR.

Non, ſans l'Amour, rien ne plaît dans la vie ;
Quelle erreur de craindre ſes nœuds !
De ſes bienfaits ſa victoire eſt ſuivie ;
Qu'il eſt doux de ſentir ſes feux !

HIPPOMENE.

Mon amante eſt le modèle
De la plus parfaite beauté ;

Je veux devenir pour elle
Celui de la fidélité.

Avec ATALANTE & le CHŒUR.

Non, sans l'Amour, *&c.*

ATALANTE.

Les charmes d'un sort paisible
Faisoient la gloire de mes jours ;
Je croyois même impossible
Que l'Amour dût troubler leur cours.

HIPPOMENE.   ATALANTE.

Il triomphe, il vous rend   Il triomphe, il me rend
fensible ;   fensible !
Nos cœurs vont se dire toûjours :

Avec le CHŒUR.

Non, sans l'Amour, rien ne plaît dans la vie, *&c.*

(*Entrée des SALIENS & SALIENNES.*)

HIPPOMENE.

Tu m'enchaînes des plus beaux nœuds,
Amour, jouïs de ta victoire.

Tu ne connois point d'autre gloire
Que celle de nous rendre heureux.

(*Ballet Général.*)

FIN DE L'ACTE.

ANACRÉON.

TROISIEME ENTRÉE.

Le Poeme eſt de *M.* BERNARD.

La Muſique eſt de *RAMEAU.*

ACTEURS.

L'AMOUR,   Mlle. Rofalie.

ANACRÉON,   M. l'Arrivée.

LA PRÊTRESSE de BACCHUS,   Mlle. du Ranci.

LYCORIS, *Perfonnage Danfant.*

AGATHOCLE, ⎰ *Amis d'Anacréon.* ⎰ M^{rs}. Muguet.
EURICLÈS, ⎱   ⎱ Cavallier.

TROUPE DE FEMMES INSPIRÉES, *repréfentant les* MENADES.

ESCLAVES.

LES GRACES.

AMOURS, RIS & JEUX.

La Scêne eft à Théos, dans la Maifon d'Anacreon.

40

PERSONNAGES DANSANTS.
LYCORIS.

Mlle. GUIMARD.

GRACES.

Mlles. d'ERVIEUX, du PEREI, AUDINOT.

EGYPANS ET *MÉNADES.*

M. DAUBERVAL, Mlle. ALLARD.

M^r. Rogier, Leger, Riviere, du Pré, Aubri,
Fay, du Chefne, Abraham.

Mlles. de Miré, Auberte, Chaffaigne, David,
Julie, Murès, Montauban, Martin

JEUX ET *PLAISIRS.*

Mlle. ASSELIN.

M^{rs}. Doffion, Lieffe, Gardel, c., Giguet, Cafter,
la Rue, Hennequin c., Balderoni,

M . Louifon, le Roi, Riviere, de l'Aunai,
Buret, Granier, du Mont, de l'Orme.

ANACRÉON.

ANACRÉON.

Le Théâtre repréfente l'appartement d'ANACRÉON,
orné pour une fête : on y voit les ftatues de l'Amour & de
Bacchus. Trois arcades ouvertes laîffent voir un falon
d'architecture grecque, avec des buffets garnis de va-
fes, &c. ANACRÉON paroît à table au milieu de ce fa-
lon avec plufieurs convives, environnés de jeunes Efcla-
ves qui leur verfent à boire, qui les couronnent de fleurs
& qui danfent entour d'eux. LYCORIS, maîtreffe
d'ANACRÉON, eft toujours à leur tête.

SCÉNE PREMIERE.

ANACRÉON, LYCORIS *perfonnage danfant.*

AGATHOCLE, EURICLÈS, CONVIVES.

ESCLAVES, *jeunes* GRECQUES.

ANACRÉON, AGATHOCLE, EURICLÈS.

RÈgne, o divin Bacchus ! enflâme nos efprits :
    Que le tranfport de ton yvreffe

F

A chaque inſtant renaîſſe ,
Avec la tendreſſe & les ris.
Règne, o divin Bacchus ! enflâme nos eſprits.

A N A C R É O N.

Le vol du tems , qui nous prèſſe ,
Nous fait mieux ſentir le prix
De l’inſtant fortuné que le Deſtin nous laîſſe.

ANACRÉON & les CONVIVES.

Regne, o divin Bacchus ! enflâme nos eſprits.

ANACRÉON, s’adreſſant à LYCORIS dans le tems qu’elle danſe autour de lui & qu’elle lui verſe à boire.

Nouvelle Hebé , charmante Lycoris ,
Vole, repands ſur nous les fleurs de la jeuneſſe ;
Par tes dons, par tes yeux rends nos cœurs plus épris,
Verſe-nous le nectar , fais-le coûler ſans-cèſſe :
Charmante Lycoris ,
Sois, dans ce temple heûreux, l’adorable Prêtreſſe,
De tous les Dieux que je chéris.

LE CHŒUR.

Règne, o divin Bacchus ! enflâme nos eſprits.

ANACRÉON, à LYCORIS.

Que l’amante d’Alcide au ſéjour du tonnerre
Soit jalouſe de tes bienfaits,

Et vienne fur la terre
Voir les Dieux que tu fais.

(Ici la danfe de Lycoris *devient plus vive, & rend plus
gais les chants d'*Anacreon.*)*

Point de trifteffe :
Buvons fans-cèffe ;
Pâffons nos jours
Dans les amours
Et dans l'yvreffe.
Buvons fans-cèffe ,
Aimons toûjours.

Le vin, la tendreffe ,
Convive, maîtreffe
M'invite à jouïr.
Tout plaifir m'enchante ,
Je bois, ris & chante ,
Toûjours dans l'attente
D'un nouveau plaifir.

*(Ces chants font interrompus par une bruyante fim-
phonie. La Prêtreffe de Bacchus paroît, fuivie d'une
troupe de femmes infpirées, repréfentant les Ménades,
portant des thirfes & des flambeaux.)*

SCÊNE II.

ANACRÉON, la PRÊTRESSE de BACCHUS, *femmes repréfentant les* MÉNADES, *& les* ACTEURS *de la fcêne précédente.*

ANACRÉON.

Quel bruit? qu'elle clarté vient ici fe répandre !
Prêtreffe, où courés-vous? quel tranfports furïeux ?

CHŒUR de MÉNADES, *fuivi de leur danfe tumultueufe.*

Detruifons un culte odïeux.

LA PRÉTRESSE, *à* ANACRÉON.

Favori de Bacchus, ôfes-tu faire entendre
Les chants qui profanent ces lieux ?

CHŒUR des MÉNADES.

Détruifons un culte odïeux.

LA PRÉTRESSE.

Renverfons cet autel.

ANACRÉON, *fe levant pour s'oppôfer à leur fureur.*

Ah , laiffés-moi défendre
Le plus charmant des Dieux !

L A **P R É T R E S S E**, *en l'arrêtant.*

Cèsse ton criminel hommage ;
Chasse l'Amour
De ce séjour.
Avec Bacchus point de partage :
C'est un outrage.

A N A C R É O N.

Eh, pourquoi les séparer ?
Quand la volupté les rassemble.

L A **P R É T R E S S E.**

L'Amour nous feroit soûpirer.

A N A C R É O N.

A la table des Dieux on les adore ensemble :
Eh, pourquoi les séparer ?

(On voit ici dans un un ballet figuré un combat entre les suivants D'ANACRÉON & ceux de la Prêtresse. LYCORIS, qu'on veut arracher de ce lieu, paroît toujours au milieu de la danse, poursuivie par une MÉNADE. La symphonie exprime la fureur des uns & les gémissements des autres. Les BACCHANTES ont enfin le dessus : LYCORIS disparoît, & l'on brise la statue de l'Amour.)

LE CHŒUR.

Bacchus remporte la victoire.
Ne suivons que Bacchus ; ne chantons que sa gloire.

(*La Prêtresse & sa suite se retirent.*)

SCÈNE III.

ANACRÉON, AGATHOCLE, EURICLÈS,
& les autres CONVIVES, LE CHŒUR.

ANACRÉON.

Non, je ne puis souffrir cette injuste rigueur !
Bacchus, par quelle violence
Veux-tu chasser l'Amour qui règne dans mon cœur ?
Si je brûle de plus d'ardeur,
C'est par l'effet de ta puissance.

Éloignés-vous, Plaisirs ; sortés de ce séjour :
Je renonce à Bacchus, s'il en coûte à l'Amour.

(*A cet ordre d'Anacréon, les Convives & le
Chœur se retirent, & les rideaux tombent.*)

ANACRÉON, feul.

J'aime à voir ce lieu plus paifible ;
Et déja le fommeil vient calmer mes efprits.
Cédons à ce charme invincible . . . .

(En cet endroit ANACRÉON *s'approche de fon lit, &*
en s'affeyant deffus, dit :)

Mes yeux en fe fermant auroient vu Lycoris !

SCÈNE IV.

ANACRÉON, L'AMOUR.

(La plus douce *fimphonie accompagne le fommeil* D'ANACRÉON. *Il eft interrompu par le bruit du ton-* *nerre, & l'on entend un orage terrible.*)

ANACRÉON, *fur fon lit.*

QUi m'éveille ? j'entends le tonnerre qui gronde.
Quels fiflements ! quel bruit ! Éole eft déchaîné :
  Bacchus, que ne m'as-tu donné
  Ton yvreffe la plus profonde !
  Envain Jupiter eût tonné.

L'AMOUR, *derriere le théâtre.*

Quelle nuit ! o ciel, quel orage !

ANACRÉON.

Quels fons plaintifs !

L'AMOUR.

    Hélas ! je vais périr.

ANACRÉON.

C'eft la voix d'un enfant.

L'AMOUR.

    Dieux, quel affreux ravage !

ANACRÉON,

A N A C R É O N.

La tempête redouble ; allons le fecourir.

*(Il fe leve, pour ouvrir à L'Amour , qui paroît en habit
d'Efclave, & dans un grand défordre.)*

Que vois-je? de pitié mon âme eft attendrie.
Jeune infortuné, quel malheur
Expôfe votre vie?

Parlés.

L' *A M O U R.*

Je fuis encor tout glacé de frayeur.

A N A C R É O N.

Où vîtes-vous le jour ?

L' *A M O U R.*

Cythere eft ma patrie.

A N A C R É O N.

A quel maître êtes-vous ?

L' *A M O U R.*

Je fervois Lycoris ;
J'étois fon efclave fidele.
Un ingrat, qu'elle aimoit, la quitte avec mépris.
Le courroux s'eft emparé d'elle ;
J'ai moi-même éprouvé fes tranfports furïeux :

G

J'ai fui fa difgrace cruelle;
Et mes pas égarés m'ont conduit en ces lieux.

A N A C R É O N.

Quoi! Lycoris brûloit d'un ardeur auffi tendre?

L' A M O U R.

Si l'ingrat avoit pu l'entendre!
S'il eut vu fon funefte fort!
Mais fonge-t-il à fon amante?
Dans les bras de l'Amour, Lycoris eft mourante;
Et dans ceux de Bacchus le parjure s'endort.

A N A C R É O N.

Quel eft donc cet amant coupable?

L' A M O U R.

Ah, dé tous les mortels, il fut le plus aimable!
Avant ce jour,
C'étoit l'Amour
Qui tenoit chés lui fon empire:
Les Grâces montoient fa lyre;
Les Jeux venoient à l'entour
Danfer, folâtrer & rire.
Aujourd'hui la fureur d'un bachique délire
Les a bannis de ce féjour.

A N A C R É O N.

Le déclin de l'âge
Peut-être l'engage
A quitter leur Cour.
On fuit avec moins de peine
Un vieillard comme Silêne
Qu'un enfant comme l'Amour.

L' A M O U R

L'infidele fur fes traces
Guideroit encor les Grâces,
Et je fais que Lycoris
De l'amant qui l'abandonne
N'auroit pas donné l'automne
Pour le printems d'Adonis.

A N A C R É O N.

Quel plaifir je goûte à l'entendre !
Mais que mon cœur éprouve un rigoureux tour-
ment !

L' A M O U R.

Vous foûpirés !

A N A C R É O N

Je ne puis m'en défendre.
Je fuis ce criminel amant.

L'*A M O U R*, *avec vivacité.*

Qu'entends-je ? Lycoris, peut-être, vit encore ;
  Hâtés-vous : ah ! rendés le jour
  A l'amante qui vous adore.
Par la voix de l'Amour, la pitié vous implore.

A N A C R É O N, *le confidérant attentivement.*

  Mais vous, que j'obferve à mon tour,
Enfant myſtérieux, que je cherche à connoître....
  Efclave... Ah !.. Vous êtes mon maître :
  Et je fuis aux piés de l'Amour..

  (*Il s'y jette*, & *dit avec tranfport.*)

Rendés-moi Lycoris ; je quitte tout pour elle.
   L'*A M O U R.*

  Volés, Amours ; venés troupe immortelle :
   Rendés à fes defirs
   Une amante fidele.
Annoncés ma victoire, & chantés mes plaifirs.

(*Les rideaux fe levent. Le fond du Théâtre reparoît*
Une troupe de Jeux, de Ris & *d'Amours entre gaie-*
ment fur le Théâtre. Les Grâces ramènent LYCORIS,
que l'Amour préfente à ANACRÉON.)

SCENE V.

L'AMOUR, ANACRÉON, LYCORIS.

les GRACES, PLAISIRS, RIS & JEUX, &c.

ANACRÉON, entre L'AMOUR & LYCORIS.

SAns Vénus & ses flâmes
Tous nos beaux jours sont perdus :
Les vrais plaisirs ne sont dûs
Qu'à l'ivresse de nos âmes.

Si le Dieu, rival de Amours,
Si Bacchus condamnoit l'ardeur qui me dévore ;
En montrant Lycoris, je lui dirois encore,
Je lui dirois toûjours :

Sans Vénus & sans ses flâmes
Tous nos beaux jours sont perdus :
Les vrais plaisirs ne sont dûs
Qu'à l'yvresse de nos âmes.

Si je partage mon choix,
Si je bois,
Amour, n'en prends point d'ombrage:
Ce breuvage
Donne plus de force à ma voix,
Pour chanter mille fois:

Sans Vénus & ſes flâmes
Tous nos beaux jours ſont perdus:
Les vrais plaiſirs ne ſont dûs
Qu'à l'yvreſſe de nos âmes.

(Les Chœurs chantent alternativement avec Anacréon ce rondeau. Lycoris en danſant, rend grâce à l'Amour & à Anacréon. Un prélude annonce le retour des Ménades)

SCÈNE VI.

LA PRÊTRESSE de BACCHUS, MÉNADES,
ÉGIPANS, & les ACTEURS de la *scêne précédente.*

CHŒUR de MÉNADES, *qu'on entend d'abord*
derrière le théâtre.

LE chant d'Anacréon, dans ces lieux, nous
 rappelle :
Des autels de l'Amour allons voir les débris.

LA PRÊTRESSE, *surprise de voir cette fête*
galante & de retrouver ANACRÉON *entre*
LYCORIS & L'AMOUR.

Quoi, toûjours Lycoris !

ANACRÉON.

Et toûjours l'Amour avec elle.

L'AMOUR, *dont la présence en impôse à la*
PRÊTRESSE, & *sa suite.*

L'Amour est le Dieu de la paix :
Regne avec lui Bacchus, partage ses conquêtes.
Il lance par tes mains de plus rapides traits ;

Viens, triomphe, embellis nos fêtes,
Mais ne les trouble jamais.

(Les suivants de Bacchus vont aux piés de la statue de l'Amour, qui est rétablie, porter leurs Tyrses & leurs Couronnes. La Suite de l'Amour va de son côte orner de myrthes & de fleurs la statue de Bacchus. Les Chœurs de Danse se mêlent. LYCORIS préside à la fête).

LES CHŒURS.

Quel bonheur pour nous ! quelle gloire !
Tout s'unit pour nous enflâmer.
Bacchus ne défend pas d'aimer ;
Et l'Amour nous permet de boire.

(Ce Chœur & la Contre-Danse qui le suit, sont accompagnés du bruit des Systres & autres instruments Bachiques.)

FIN.

APPROBATION.

J'Ai lu, par ordre de M. le Chancelier, l'Acte de la *PROVENÇALE*, celui *d'HIPPOMENE*, & celui *d'ANACRÉON* ; on en peut permettre l'impression. A Paris le 20 Juillet 1769.

DUCLOS.